1. Auflage

© 2014 Marc Kloepfel und Duran Sarikaya. Alle Rechte vorbehalten.

Lektorat, Satz und Layout: Gerrit M. Schneider; gerrit.schneider@gmail.com

Umschlaggestaltung: Gerrit M. Schneider

Umschlagbilder:
„Maschinenbau // Engineering" © industrieblick
„Container Ship" © EvrenKalinbacak
„Schweißer bei der Arbeit" © motorradcbr

Alle Fotos bezogen von Fotolia.com

Herstellung und Verlag: BoD - Books on Demand, Norderstedt

ISBN: 9783738603828

Patrick Dümpelfeld   Samir Kharkan

Marc Kloepfel   Duran Sarikaya

30-MINUTEN-CRASHKURS

PROFITE IN DER

LIEFERKETTE HEBEN

Herausgeber:

Marc Kloepfel   Duran Sarikaya

Inhalt

Vorwort

Für die Eiligen:

Wenn Sie in diesem Buch ausschließlich die Crashkurs-Zusammenfassungen am Ende der Kapitel lesen, können Sie in nur 30 Minuten das 6-Schritte-Programm zur Hebung von Renditeschätzen in der Lieferkette kennenlernen!

Immer mehr Unternehmen wagen es, sich eine unangenehme Frage zu stellen: Was kostet mich ein Produkt eigentlich wirklich? Hierbei spielen viele Faktoren eine Rolle. Es liegt vielleicht auf der Hand, dass etwa eine Werksmaschine weit mehr kostet als die reine Anschaffung: TÜV, Wartung, Reparaturen, Logistik, Versicherungen und weitere Positionen, die hinzukommen können. Aber auch entlang der gesamten Lieferkette (Supply-Chain) entstehen Kosten, die unnötig hoch sein können. Der Grund sind ineffiziente Prozesse, die von niemandem hinterfragt werden, deren Kosten die Teilkosten aber oft um ein Vielfaches überschreiten können. Doch wie macht man transparent, bei welchen Prozessen diese Kostenfallen lauern? Die Antwort: Man muss die Voraussetzungen schaffen, um die verschiedenen, komplexen Lieferketten des Unternehmens detailliert zu analysieren. Hier lassen sich wahre Renditeschätze bergen. Das geeignete Mittel hierzu ist eine Analyse mittels des Abrechnungsverfahrens „Total Cost of Ownership" (TCO).

Aber gerade kleine und mittlere Unternehmen (KMU) haben den tiefen Blick in die teilweise komplexe Wertschöpfungskette bisher nicht gewagt, weil Organisation und Nachhaltigkeit erfordern, dass die Supply-Chain-Teilnehmer tief in die Prozesse integriert sind. Da möchte man es sich mit niemandem verscherzen.

Hemmschwelle: Lieferanten und Mitarbeiter nicht verärgern

Absolute Kosten- und Prozesstransparenz bei den Lieferanten einzufordern, wird in der Unternehmenspraxis daher oft nicht gelebt. „Das war schon immer so.", „Warum sollte uns der Lieferant seine Kosten verraten?", „Hauptsache, die Ware kommt pünktlich!" und viele ähnliche Begründungen sind der Kloepfel Consulting schon oft begegnet, wenn eine Total-Cost-of-Ownership-Analyse vorgeschlagen wurde. Gerade die Angst, Lieferanten zu verärgern, stellt eine Hürde im Mittelstand dar. Gibt man dem Lieferanten nicht das schlechte Gefühl, man würde ihm nicht vertrauen oder gar die Partnerschaft anzweifeln? Aber auch innerhalb des Unternehmens hält man sich sorgenvoll zurück: Man möchte Schnittstellenabteilungen nicht anzweifelnd in die gewohnte Autonomie reinreden. So kommt es, dass wertschöpfende Abteilungen häufig noch als einzelne Profit-Center arbeiten und eben nicht Hand-in-Hand mit dem Einkauf bzw. der Supply-Chain-Organisation. Will man eine interne Prozessoptimierung erreichen, muss daher zunächst vermittelt werden, dass zukünftig alle Beteiligten in den gesamten Wertschöpfungsprozess integriert werden. So entsteht eine kooperative Einheit.

Als kooperative Einheit arbeiten

Wichtig ist hierbei, dass sowohl die Einkaufsorganisation als auch der Lieferant weg vom „einfachen Einkaufen" und hin zum ganzheitlichen „Supply-Chain-Denken" gebracht werden. Das heißt, dass die Einkäufer und Lieferanten von heute auch den internen Wertschöpfungsprozess der Unternehmen kennen und verstehen müssen, um daraus Handlungsempfehlungen abzuleiten. Sehen sich beide Parteien als Glied in der gesamten Lieferkette und erkennen die beidseitigen Chancen, so ist man auch eher bereit, Transparenz zu schaffen. Zudem können gegenseitige Netzwerke genutzt und Synergien geschaffen werden. Partnerschaften werden also nicht in Frage gestellt, sondern allenfalls gestärkt und intensiviert.

Geschäftsführung muss überzeugt mitwirken

Zu beachten bleibt allerdings, dass ein Projekt mit dem Total-Cost-of-Ownership-Ansatz viel Zeit beanspruchen kann, was das Tagesgeschäft häufig nicht zulässt. So kann es etwa nötig sein, eine Projektgruppe mit Entscheidungsträgern aus den betroffenen Abteilungen (z. B. Einkauf, Produktion, Entwicklung, Logistik, Qualität) einzuberufen, um die Integration der Supply-Chain-Teilnehmer zu fördern und zu fordern. Deshalb muss man sich auf den Rückhalt der Unternehmensspitze verlassen können, wenn es darum geht, dass das Vorhaben auch für alle Teilnehmer verbindlich ist. Sonst ist der Veränderungsprozess wahrscheinlich dazu verurteilt, zu scheitern.

In sechs Schritten zur günstigeren Lieferkette

Die Erfahrung von Kloepfel Consulting zeigt, dass der Mittelstand dafür bereit ist, diesen oft vernachlässigten Weg zu gehen, auch wenn er steinig ist. Und dadurch, dass bei vergangenen und aktuellen Projekten bereits große Erfolge

verbucht werden konnten, wird deutlich: Aus einer unange-
nehmen Frage kann für Unternehmen bare Münze werden.
Dabei haben die gelungenen Projekte stets eins gemeinsam:
Dass im Rahmen eines Sechs-Schritte-Programms das Ziel
„Nachhaltige Kostentransparenz durch TCO" verwirklicht
wird. In diesem Buch stellen wir Ihnen diese gezielte Kom-
bination strategischer Optimierungshebel vor, die Kloepfel
Consulting bei Projekten in enger Zusammenarbeit mit den
Kunden umsetzt. Wir richten uns damit an Einsteiger in die
Thematik, aber auch erfahrenen Lesern bietet sich der eine
oder andere Mehrwert.

Crashkurs-Zusammenfassung:

- ✓ Wegen ineffizienter Prozesse entstehen unnötig hohe Kosten an der Lieferkette (Supply-Chain)
- ✓ Diese lassen sich beseitigen, indem man die verschiedenen,
  komplexen Lieferketten des Unternehmens detailliert
  durch das Abrechnungsverfahren „Total Cost of Ownership" (TCO) analysiert
- ✓ Die Angst, Lieferanten und interne Mitarbeiter zu verärgern, stellt hierbei eine Hürde im Mittelstand dar
- ✓ Integriert man alle Beteiligten in den gesamten Wertschöpfungsprozess, entsteht eine kooperative Einheit mit Trans-
  parenzbereitschaft und ohne Verärgerung
- ✓ Es kann nötig sein, eine Projektgruppe mit Entscheidungsträgern aus den betroffenen Abteilungen (z. B. Einkauf,
  Produktion, Entwicklung, Logistik, Qualität) einzuberufen
- ✓ Dies geht verbindlich nur mit der Rückendeckung durch die
  Geschäftsführung

Schritt 1: Das Materialgruppenportfolio

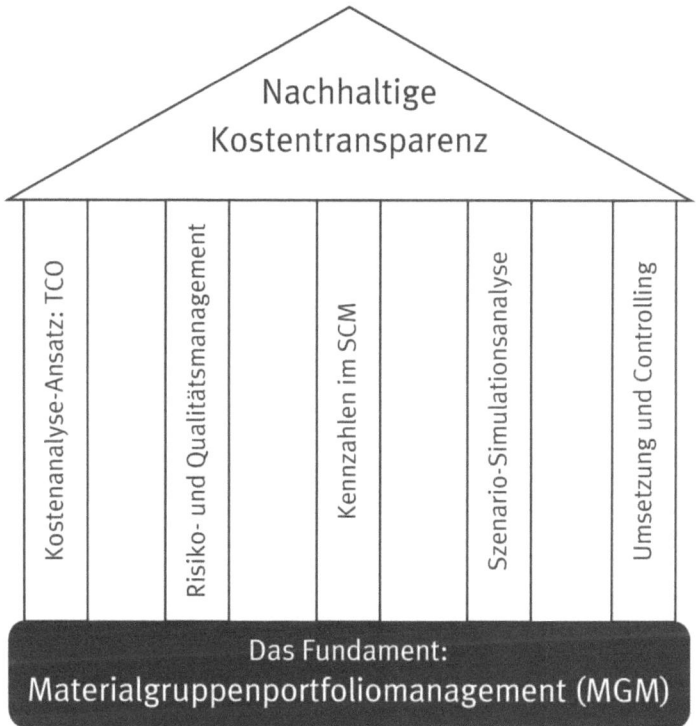

Im vorigen Kapitel haben wir einen Überblick über die wichtigsten Instrumente der TCO gegeben, um Kostentreiber in der Lieferkette transparent zu machen. Folgend wird das Materialgruppenportfolio vorgestellt, denn dieses ist das Fundament für das Ziel „Transparenz durch TCO".

Vom Waren- zum Materialgruppenmanagement

Grundsätzlich wünschen sich alle Supply-Chain-Teilnehmer Nachhaltigkeit und Transparenz, um die Wirtschaftlichkeit des eigenen Unternehmens weiter zu forcieren. Um diesen Erwartungen gerecht werden zu können, bietet das Konzept Materialgruppenportfoliomanagement (auch: MGM) das *essentielle* Fundament für einen modernen, strategischen Einkauf.

Um den Sinn eines MGM zu verstehen, muss man sich aber zunächst vom vertriebsorientierten *Waren*gruppenmanagement distanzieren und das Modell des *Material*gruppenmanagements annehmen. Wenn der Einkauf nachhaltig und transparent gestaltet werden soll, ist das ein unerlässlicher Schritt. Beispielsweise sollte die Einkaufsabteilung die Vertriebsproduktprogramme des Unternehmens nicht unabhängig voneinander betrachten, sondern den Rohmaterialbedarf übergreifend zusammenfassen, um durch Volumenbündelung idealerweise neue Einsparpotenziale zu identifizieren.

Erstcheck: Bevor man Materialien klassifiziert

Der Kerngedanke des Materialgruppenmanagements besteht darin, dass die Materialien und Dienstleistungen nach dem Beschaffungsmarkt strukturiert werden. Zunächst ist es daher wichtig, sowohl die Wertigkeit als auch die Komplexität der Beschaffung für die verschiedenen Materialgruppen zu analysieren.

Bevor die Materialgruppen bewertet werden, gilt es aber unter Umständen erst mal, die Materialgruppen selbst zu bestimmen. Denn viele Einkaufsorganisationen haben entweder gar keine Materialgruppen oder sie sind nach unzureichenden Kriterien eingeteilt. Darüber hinaus ist es wich-

6

tig, bestehende Materialgruppen stets zu hinterfragen, da sich beispielsweise die Konstellationen auf dem Beschaffungsmarkt ändern können oder veraltete Strategien zugrunde gelegt werden. Außerdem werden häufig eher vertriebsorientierte Warengruppen statt einkaufsorientierte Materialgruppen gebildet. Einkaufsorientierung bedeutet in diesem Zusammenhang: Welche Materialien können von ein und demselben Lieferanten abgedeckt werden? Hierbei gilt es zugleich, den sogenannten „gesunden Menschenverstand" zu bemühen. So kann ein Handelsvertreter zwar innerhalb bestimmter Bereiche eine riesige Bandbreite verschiedener Artikel liefern, diese allerdings als Materialgruppe zu betrachten, wäre strukturell kaum sinnvoll und ein Beispiel für ein unzureichendes Kriterium.

Klassifikation der Materialien in interner Zusammenarbeit

Zunächst sollte die Einkaufsabteilung eine ABC-Analyse zu allen Lieferanten erstellen, um übersichtlich aufzuzeigen, welche Produkte und Leistungen den wertmäßig größten Anteil am gesamten Einkaufsvolumen haben. Nun werden die Materialgruppen gebildet, indem man ähnliche Artikel sinnvoll zusammenfasst. Wichtige Aspekte sind hierbei: Ähnliche Funktionseigenschaften, vergleichbare Herstellungs- oder Produktionsprozesse oder verwandte Materialien.

Die Einkaufsabteilung sollte in enger Abstimmung mit den unternehmensinternen Supply-Chain-Teilnehmern, wie beispielsweise Konstruktion, Entwicklung, Qualität, Logistik, Marketing und Vertrieb, den internen Bedarf analysieren und gleichartige Teile zu einer Materialgruppe zusammenfassen. Dadurch wird einerseits vermieden, dass gleiche Materialien unter unterschiedlichen Namen, Artikelnummern etc. geführt werden. Andererseits wird so sichergestellt, dass alle relevanten internen Sichtweisen beim Entscheidungsprozess einfließen und mit gemeinsamem Einverständnis aufgenommen werden können.

Hierbei ist es wichtig, dass dieses Vorhaben fortlaufenden Projektgruppen-Charakter haben muss. Durch die nationale oder internationale Leitung der Einkaufsorganisation sollte der Turnus der Treffen auf mindestens einmal jährlich festgelegt werden.

Materialgruppenmanager bestimmen

Zudem ist es zwingend notwendig, dass für strategische Materialgruppen (z. B. Granulate) ein interner Materialgruppenmanager (z. B. Materialexperte) berufen wird. So lassen sich die Materialkomplexität und die sich sehr rasch verändernden Marktgeschehnisse durchgehend handhaben. Die systematische Materialkostenoptimierung gilt dabei als eine der Kernaufgaben des Managers, was mit einer hohen Verantwortung einhergehen kann. Für weniger sensible Materialgruppen (z. B. C-Teile und Hilfsstoffe) ist es nicht notwendig, einen Materialgruppenmanager zu berufen. Hier ist meistens weder die Komplexität, noch die Marktvolatilität hoch. Folglich kann auch ein Materialgruppenmanager mehrere weniger sensible Materialgruppen verantworten.

Die Ziele eines Materialgruppenportfoliomanagements sind: die Prozesskosten dauerhaft zu minimieren, beständig niedrige Einkaufspreise zu sichern, die Artikel-/ Lieferantenportfolios zu analysieren und die Lieferantenperformance nachhaltig zu gestalten.

Erstellung des Materialgruppenportfolios

Nachdem die Zuordnung der Produkte und Dienstleistungen in Materialgruppen gemeinschaftlich verabschiedet worden ist, kann das Materialgruppenportfolio erstellt werden. Intern die nötige Transparenz und Nachhaltigkeit schaffen zu wollen, beansprucht kontinuierlich Ressourcen, die eine durchdachte Planung voraussetzen. Daher müssen die Materialgruppen basierend auf ihrem Beschaffungsvolumen und der eingeschätzten Versorgungssicherheit priorisiert und in vier Teile-Gruppen klassifiziert werden (siehe Grafik).

Einkaufsstrategien bestimmen

Die Einordnung in verschiedene Teile-Gruppen ermöglicht uns eine Priorisierung, um Einkaufsstrategien auszuarbeiten: Wann macht eine detaillierte Untersuchung einzelner Prozessschritte Sinn? Bei welchen Teilegruppen sollten wir ein Prozess-Outsourcing vornehmen? Wann ist es besonders wichtig, Transparenz durch die Total-Cost-of-Ownership-Analyse zu ermöglichen? Und insbesondere: Welche Teile-Gruppen bergen die höchsten Renditeschätze? Um strategische Empfehlungen geben zu können, nehmen wir zunächst die einzelnen Teile-Gruppen unter die Lupe.

Die vier Teile-Gruppen

Die **Standard-Teile** (z.B.: C-Teile, Büromaterial) sind zwar häufig mit einem hohen Prozesskostenaufwand verbunden, etwa durch viele Bestellvorgänge und damit zusammenhängende Aufwendungen. Dieser steht jedoch in keinem Verhältnis zum vergleichsweise geringen Einkaufsvolumen. Deshalb gilt es hier, die Prozesskosten abzubauen. Unkritische Teile sind beispielsweise C-Teile, die problemlos an einen C-Teile-Manager ausgelagert werden können. Auch

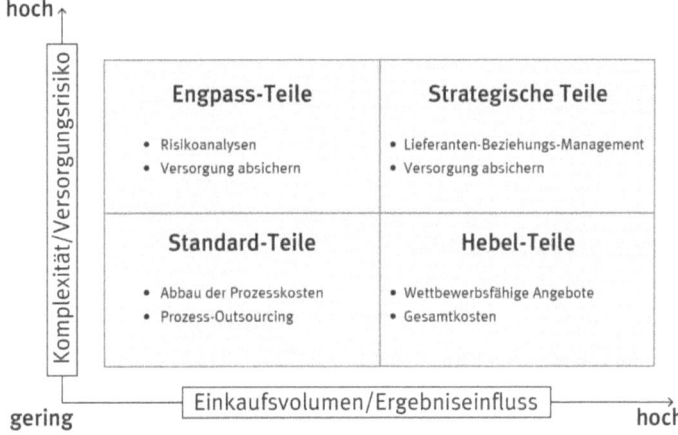

Einteilung in die vier Teilegruppen

Büromaterial ist diesem Bereich zuzuordnen; moderne E-Procurement-Lösungen bieten hier schnelle Abhilfe, um den Prozess zu verschlanken. Vorrangig ist also die Effizienz für das Verhältnis zwischen Prozesskomplexität und Ergebniseinfluss.

Die **Hebel-Teile** (z.B.: Werbeartikel und Kartonagen) können in der Supply-Chain-Optimierung schnell zu beträchtli-

10

chen Einsparungen führen, da durch wenig Aufwand ein großer Effekt erzielt wird. Sie haben relativ geringe Komplexität und ein großes Einkaufsvolumen. Da die Bestands- und potenziellen Alternativlieferanten miteinander konkurrieren, lassen sich durch professionelle Benchmarks (vergleichende Ausschreibungen) Kosten senken.

Im Mittelstand wird häufig auf ein breit gefächertes Lieferantenportfolio gesetzt. Hier lassen sich interne Prozesskosten durch Lieferantenreduktion weitgehend minimieren. Das bedeutet dann zweierlei: Zum einen Prozessoptimierung (weniger bürokratischer Aufwand), zum anderen das Einkaufsvolumen umzuverteilen. Durch die Volumenbündelung sind wiederum höhere Rabatte zu erwarten. Außerdem lassen sich durch die neugewonnene Prozesstransparenz standortübergreifende Synergien aufdecken und Optimierungshebel in der Lieferkette identifizieren.

Die **Engpass-Teile** (z. B.: unternehmensspezifische Sonderanfertigungen) zeichnet aus, dass sie nur kritisch eingeschränkt verfügbar sind. Priorität für die strategische Ausrichtung einer solchen Materialgruppe ist daher zunächst auch die Verfügbarkeit. Dennoch lohnt sich auch hier, durch die TCO-Analyse Transparenz zu schaffen.

Der Artikelpreis alleine spiegelt keine möglichen Einsparpotenziale wieder. Daher sollten auch hier alle Aspekte beleuchtet werden, die sich finanziell auswirken, wenn Engpass-Materialien beschafft werden. Bei einer Risikoanalyse gilt es, sich zunächst einen umfassenden Überblick über die Prozesse zu verschaffen und dann Transparenz mit den

Lieferanten zu erarbeiten. Hier kommt es zum Win-Win-Effekt: einerseits garantiert die Einkaufsorganisation die Versorgungssicherheit des Lieferanten, indem die Beschaffungsrisiken und Bottlenecks identifiziert werden. Andererseits können die Kostentreiber für den Einkauf isoliert betrachtet und optimiert werden. Die internen und externen Supply-Chain-Teilnehmer werden daraufhin aufgefordert, regelmäßig Ansätze zur Minimierung der Versorgungssicherheit auszuarbeiten und ein mögliches Over-Engineering weitgehend zu vermeiden. Ziel dieser strategischen Zusammenarbeit ist es, die kritisch eingeschränkte Liefersituation zu beenden, sofern es technisch umsetzbar ist. Daher sollten das Know-how und die Innovationskraft der Lieferanten miteinbezogen werden. Durch die Standardisierung von Engpassmaterialien kann etwa das Versorgungsrisiko verringert werden, das heißt: durch Standardmaterialien und höhere Produktionstoleranzen. Idealerweise können Materialgruppen abschließend aus dem Engpass-Teile-Bereich in eine weniger risikobehaftete Teile-Gruppe transferiert werden.

Die **strategischen Teile** sind zweifelsohne die wichtigste Materialgruppe hinsichtlich Transparenz durch die TCO-Analyse. Sie sind sowohl durch eine hohe Komplexität bzw. ein hohes Versorgungsrisiko als auch durch ein großes Einkaufsvolumen geprägt. Hierbei helfen dem strategischen Einkäufer verschiedene Ansätze, um Transparenz mit dem Lieferanten zu erarbeiten. Es kann nicht nur eine einfache „Einkaufsbeziehung", sondern vielmehr eine „Wertschöpfungspartnerschaft" aufgebaut werden. Lösungen und Innovationen können gemeinsam mit dem Lieferanten entwickelt werden. Ein solcher Ansatz fordert beidseitiges Vertrauen und insbesondere Transparenz, gerade hinsichtlich kommerzieller und technischer Komponenten. Auch eine partnerschaftliche Single-Sourcing-Strategie kann hierbei eine mögliche Lösung darstellen. Somit schaffen die Supply-Chain-Parteien eine tiefe Integration, die bis hin zur logistischen Abwicklung und der Anbindung an IT- und ERP-Systeme reichen kann. Transparenz durch TCO zu fordern, geht in einer solchen Verflechtung praktisch als Nebenprodukt automatisch einher. Somit können die Kostentreiber identifiziert, die Risiken minimiert und individuelle Beschaffungslösungen erarbeitet werden. Gemeinsam wurde das Fundament geschaffen, um die angestrebten Renditeschätze zu heben.

- ✓ Materialgruppenportfoliomanagement (MGPM) ist das *essentielle* Fundament für einen modernen, strategischen Einkauf
- ✓ Grundidee: Welche Materialien können von ein und demselben Lieferanten abgedeckt werden?
- ✓ Ziele des Materialgruppenportfoliomanagements: Beständig minimale Prozesskosten und niedrige Einkaufspreise, Artikel-/Lieferantenportfolioanalyse, nachhaltige Lieferantenperformance
- ✓ Hierzu: Vom vertriebsorientierten *Waren*gruppenmanagement distanzieren und das Modell *Material*gruppenmanagement annehmen
- ✓ Analyse des internen Bedarfs: Einkauf und interne Supply-Chain-Teilnehmern (Konstruktion, Entwicklung, Qualität, Logistik, Marketing und Vertrieb etc.) fassen in einer fortlaufenden Projektgruppe (1 Mal/Jahr) gleichartige Teile zu einer Materialgruppe zusammen
- ✓ Für strategische Materialgruppen muss ein interner Materialgruppenmanager berufen werden.
- ✓ Einkaufsstrategien der vier Teile-Gruppen:
  1. Die *Standard-Teile*: Prozesskosten abbauen
  2. Die *Hebel-Teile*: Benchmarks senken Kosten durch Vergleichbarkeit der konkurrierenden Lieferanten
  3. Die *Engpass-Teile*: Durch Standardmaterialien und höhere Produktionstoleranzen kann das Versorgungsrisiko verringert werden. Idealerweise in eine weniger risikobehaftete Teile-Gruppe transferierbar.
  4. Die *strategischen Teile*: Hohe Komplexität, hohes Versorgungsrisiko und großes Einkaufsvolumen. Statt einer einfachen „Einkaufsbeziehung" zum Lieferanten eine „Wertschöpfungspartnerschaft" aufbauen, was Transparenz automatisch als Nebenprodukt ergibt

Schritt 2: Kostenanalyse-Ansatz: TCO

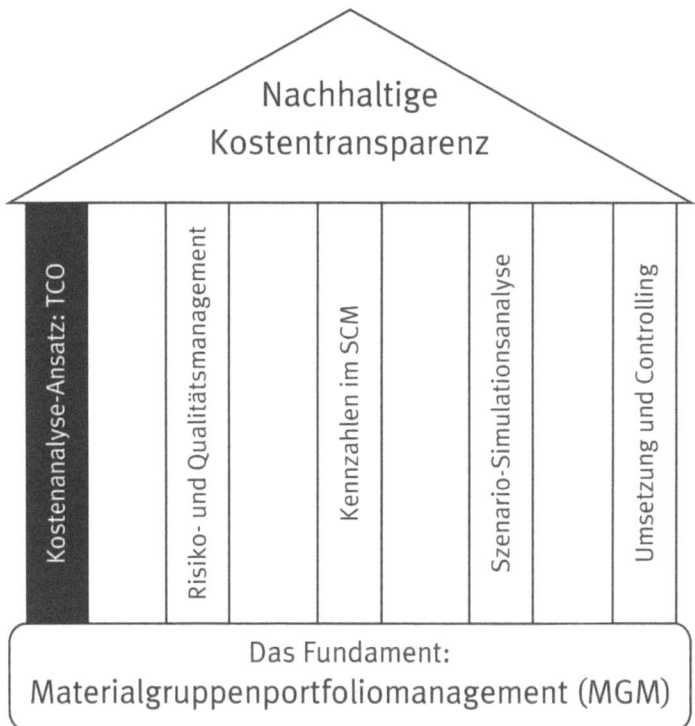

Skizzierung der gesamten Supply-Chain

Zur ganzheitlichen Betrachtung werden alle internen (unternehmensinterne Abteilungen, z. B. Konstruktion, Vertrieb, weitere) und externen (unternehmensexterne Dienstleister, z. B. Logistikdienstleister) Wertschöpfungsträger betrachtet. Die internen Wertschöpfungsträger umfassen alle Schnittstellenabteilungen im Unternehmen (z. B. Einkauf, Produktion, Entwicklung, Logistik, Qualität), wobei zu den externen Wertschöpfungsträgern primär alle Vorlieferanten und alle nachgelagerten Kunden gezählt werden. Durch die Skizzierung der gesamten Supply-Chain werden alle bedeutenden Wertschöpfungsträger erfasst. Das heißt: Die gesamte Lieferkette vom Einkauf des Rohstoffs der Vorlieferanten bis zum Endprodukt, das dem Endkunden zur Verfügung gestellt wird – inklusive aller im Hintergrund laufenden Prozesse. Das Ziel ist es, sämtliche monetär zurechenbaren Aufwände in der Lieferkette zunächst zu erfassen.

Interne und externe Kostenstrukturanalyse

Zunächst ist ein direkter Preisvergleich von Teil A und Teil B zwar durchaus sinnvoll. Allerdings wäre es falsch, eine Einkaufsentscheidung nur dieser isolierten Betrachtung folgend zu treffen – insbesondere bei strategischen Teilen.

Um den tatsächlichen Preis bzw. die totalen Kosten zu erhalten, müssen viel mehr Aspekte untersucht werden. Welche Lieferbedingungen liegen zu Grunde? Welche Lieferbedingungen sind definiert und sind die Bedingungen tatsächlich zeitgemäß bzw. überhaupt notwendig? Hier treten bereits die ersten Unschärfen auf. Offensichtlich ist etwa, dass zwischen den Bedingungen „ab Werk" und „frei Haus" viele finanzielle Abstufungen gibt (bspw. „Free on Board"). Hier ist ein logistischer Kostenblock zu ermitteln, der aus den Prozesskosten einerseits und den eigentlichen Kosten für den Transport andererseits besteht. Schnell wird deutlich, dass dieser Kostenblock ebenfalls einer TCO-Analyse unterzogen werden könnte.

Die monetäre Bewertung der logistischen Preisdifferenzen von Teil A und B bringen uns den „echten Preisen" also schon ein Stück näher. Die meisten Unternehmen nehmen eine solche Analyse auch tatsächlich vor, wobei die Detailgenauigkeit sehr unterschiedlich ist.

Nicht blind Lieferzyklen diktieren lassen

Welche Lieferzeiten haben die alternativen Lieferanten? Bei einer planbaren Verbrauchsmenge kann man seinen Bestellrhythmus vergleichsweise einfach festlegen. Somit könnte man geneigt sein, sich den Lieferzeiten des vermeintlich günstigeren Lieferanten anzupassen und entsprechende Bestellzyklen einzuplanen. Eine monetäre Bewertung entfällt dann. Das ist allerdings falsch. Lieferzeiten bestimmen neben der Bestellhäufigkeit und damit anfallenden Prozesskosten auch die Losgrößen und das somit gebundene Kapital. Umso länger die potenzielle Lieferzeit, desto genauer muss man planen und desto höher werden die Losgrößen sein, die man bezieht, um die Versorgung zu sichern. Das bedeutet eine geringere Lagerumschlagsgeschwindigkeit und geht mit den Kosten des gebundenen Kapitals einher. Längere Lieferzeiten sind für das Unternehmen bei unerwartet gestiegenen Bedarfen außerdem problematischer dabei, Produktionsspitzen abzufangen. Das Ausfallrisiko und mögliche Verspätungen in der Kundenbetreuung stellen hierbei einen zusätzlichen Kostenblock dar, der mit in die Bewertung einfließen muss.

Schlechte Qualität birgt Folgekostenfallen

Können wir jetzt endlich bestellen? Das kommt auf die Anforderungen an das zu beschaffende Material an. Hier ist „Qualität" das Stichwort: Ohne diese zu kennen, kann und darf im Rahmen der strategischen Teile keine Entscheidung getroffen werden! Hierbei müssen insbesondere Mängelfolgekosten bei geringerer Qualität mit der Preisdifferenz bei besserer Qualität verglichen werden. In dieser Fragestellung ist es unabdingbar, die Technikmitarbeiter in den Beschaffungsprozess voll zu integrieren, um eine monetäre Bewertung abbilden zu können. Auch die zuvor erwähnten Kosten des Ausfallrisikos gehen mit dieser Betrachtung wieder einher.

Kostenfaktor Investition beim Lieferantenwechsel

Häufig stehen mit einem Lieferantenwechsel auch weitere monetäre Belastungen an. Investitionen in Maschinen und Werkzeuge können einen erheblichen Kostenblock darstellen. Basierend auf unterschiedlichen Finanzierungs- und Amortisationsmodellen müssen diese Kosten dem Teile-Preis ebenfalls zugeordnet werden. Die Stückkostenrechnung ist folglich umso präziser, je genauer die zukünftigen Bestellmengen prognostiziert werden können.

Währungsrisiken und Liquiditätseffekte

Im Rahmen des Risikomanagements müssen darüber hinaus auch Währungsrisiken und Liquiditätseffekte in die Kalkulation einfließen. Beim Kauf von Waren in Regionen mit volatilen Währungskursschwankungen (z. B. Euro zu Indische

Rupie) können zwar Finanzinstrumente eingesetzt werden, jedoch haben auch diese ihren Preis. Positive Liquiditätseffekte können insbesondere durch verlängerte Zahlungsziele erreicht werden. Aber auch, und insbesondere, Konsignationsläger einzurichten, ermöglicht positive Cash-Flow-Effekte. Diese gehören zweifelsohne in die Betrachtung von alternativen Bezugsquellen. Für das nachhaltige Bestehen des Unternehmens ist es wichtig, einen Risikomanagementprozess intern und extern zu integrieren.

Durch Komplexität von der Suche nicht abhalten lassen

Die Kostenbestandteile hängen letztlich von den zu beschaffenden Materialien ab. Hat man eine Materialgruppenanalyse die strategischen Teile identifiziert, so wird man wahrscheinlich feststellen, dass der Komplexitätsfaktor variiert. Zugleich steht fest, dass das einhergehende Einkaufsvolumen eine hohe Hebelwirkung mit sich bringt: Schon kleine Anpassungen haben massive Kosteneffekte. Gerade die Komplexität hemmt aber viele Unternehmen, die Suche nach Alternativen überhaupt anzufangen. Häufig fehlen Kapazitäten auf der einen und die empfundene Notwendigkeit auf der anderen Seite. Deswegen muss die detaillierte Einkaufsanalyse als Projekt verstanden und als solches aufgezogen werden. So kann ein standardisierter Ablauf im Unternehmen geschaffen werden, wenn es heißt, Alternativen für komplexe Materialgruppen zu finden.

Crashkurs-Zusammenfassung:

- ✓ Die gesamte Supply-Chain skizzieren und alle bedeutenden Wertschöpfungsträger erfassen. (vom Einkauf des Rohstoffs der Vorlieferanten bis zum Endprodukt, das dem Endkunden zur Verfügung gestellt wird – inklusive aller im Hintergrund laufenden Prozesse)
- ✓ Ziel: alle monetär zurechenbaren Aufwände in der Lieferkette analysieren
- ✓ Untersuchung weiterer Aspekte:
  - ❖ Welche Lieferbedingungen liegen zu Grunde?
  - ❖ Welche Lieferbedingungen sind definiert und sind die Bedingungen tatsächlich zeitgemäß bzw. überhaupt notwendig?
  - ❖ Logistische Preisdifferenzen
  - ❖ Währungsrisiken und Liquiditätseffekte
- ✓ Lieferzeiten bestimmen neben der Bestellhäufigkeit und damit anfallenden Prozesskosten auch die Losgrößen und das somit gebundene Kapital, daher:
- ✓ Nicht blind den Lieferzeiten des vermeintlich günstigeren Lieferanten anpassen und entsprechende Bestellzyklen einplanen
- ✓ Häufig fehlen Kapazitäten auf der einen und die empfundene Notwendigkeit auf der anderen Seite. Detaillierte Einkaufsanalyse muss allerdings als Projekt aufgezogen werden, damit ein standardisierter Ablauf im Unternehmen geschaffen werden kann, um Alternativen für komplexe Materialgruppen zu finden

Schritt 3: Risiko- und Qualitätsmanagement

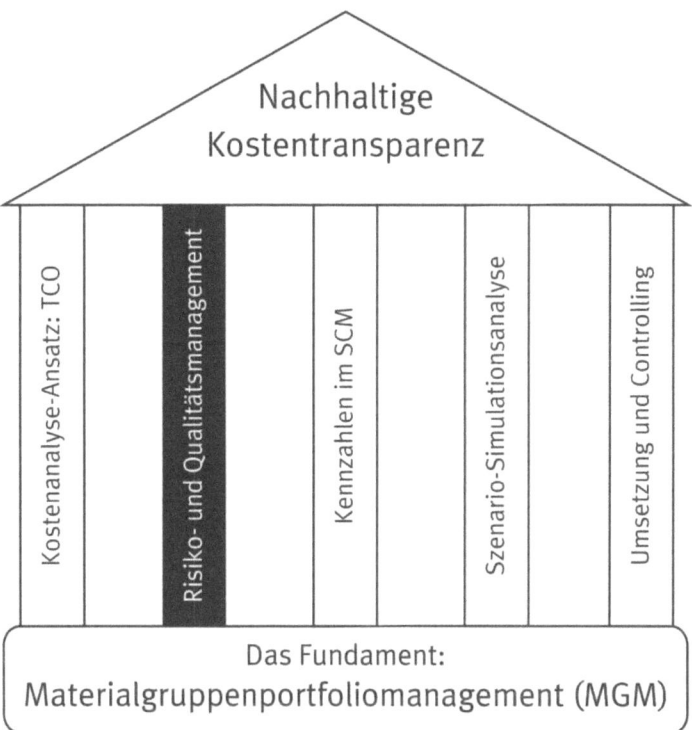

Um sicherzustellen, dass die Potenziale in bare Münze umgesetzt werden können, muss man Risikofaktoren ausschließen, soweit es nur geht. Daneben ist es notwendig, innerhalb des Beschaffungsprozesses Mechanismen zu schaffen, um die entsprechende Qualität der Waren, Rohstoffe oder Dienstleistungen zu gewährleisten.

Das Risikomanagement

Supply-Chain-Risiko-Management (SCRM) kann vereinfacht als eine systematische Identifikation und Quantifizierung von Supply-Chain-Störungen verstanden werden, die das Ziel haben, negative Einflüsse auf die Supply-Chain-Leistung zu vermindern.

Diese Störungen können entweder in der Supply-Chain (z. B. unzureichende Qualität, unzuverlässige Lieferanten, Maschinenausfälle etc.) oder außerhalb der Supply-Chain (z. B. Naturkatastrophen, Terrorismus etc.) auftreten. Unser Fokus liegt hier auf den internen Störungen, die auch beeinflussbarer sind.

Es liegt auf der Hand, dass man nur dann eine Entscheidung, etwa zugunsten oder zu Ungunsten eines Lieferanten, treffen kann, wenn man sich auch der Risiken bewusst ist, das heißt: Man muss den monetären Wert des Risikos verstehen.

Um das alles an einem Beispiel deutlich zu machen: Suchen wir auf einem unserer Projekte beispielsweise eine neue Druckerei für einen unserer Kunden, dann möchten wissen: Wie hoch ist die Kapazität? Auf welchem Stand der Technik ist der Maschinenpark? Gibt es mehrere Betriebsstätten? Ist der Lieferant national oder international agierend? Gibt es adäquate Referenzen? Viele weitere Faktoren kommen hinzu.

Kapazitätshöhe und Stand der Technik

Warum interessiert uns im SCRM-Kontext, wie hoch die Kapazität ist? Die Kapazität entscheidet letztlich über die Reaktionsgeschwindigkeit und Lieferfähigkeit. Eine Spät-Lieferung oder Nicht-Lieferung kann zu Folgekosten führen, die einen vermeintlich geringen Preis sofort wieder egalisieren können, bzw. den „Total Cost Preis" sogar derart in die Höhe treiben, dass der Lieferant nicht mehr erwogen werden kann.

Auch der Stand der Technik ist ein Indikator für den Innovationsgrad des potentiellen Partners. Wie schnell kann dieser sich an neue Gegebenheiten und Anforderungen anpassen, die unser Kunde, etwa durch neue Trends, erfüllen muss? Auf einem sich stark wandelnden Markt sollte ein solcher Lieferant als ungeeignet eingeordnet werden, da die Prozesskosten eines ständigen Lieferantenwechsels dann zu hoch ausfallen können.

Bei einem international agierenden Lieferanten müssen auch Währungsrisiken betrachtet werden und möglicherweise Absicherungsgeschäfte avisiert werden um diese Unsicherheit ausschließen zu können.

Maßnahmen und ihre Kosten

Hat man den oder die Lieferanten bewertet, gilt es, angemessene Maßnahmen umzusetzen. Etwa Hedging bei Währungsrisiken oder Rohstoffpreisschwankungen, Dual-Sourcing bei fehlenden Kapazitäten oder einen Mindestlagerbestand gegen mögliche Lieferausfälle.

Die Maßnahmen selbst bringen wiederum Kosten mit sich, die ebenfalls in der Kostenbetrachtung berücksichtigt werden, wie etwa Lagerhaltungskosten bei Mindestbeständen oder der Preis für den Einsatz von Finanzierungs- und Absicherungsgeschäften.

Das Qualitätsmanagement

Mit dem Risikomanagement geht das Qualitätsmanagement (QM) einher. QM kann als die unternehmerischen Maßnahmen zur Optimierung der Prozessqualität, Dienstleistungen und von Produkten verstanden werden.

Bezieht man diese Aussage auf das angerissene Beispiel, kann dies wie folgt dargestellt werden: Wir suchen wieder eine neue Druckerei und unterstellen, dass die monetären Rahmenbedingungen passen, womit denkbar wäre, zu wechseln. Um die Prozessqualität verbessern zu können, ist es denkbar, etwa eine EDI-Anbindung zu realisieren, um somit schlankere, schnellere und effizientere Bestell-, Liefer- und Abrechnungsprozesse zu gewährleisten.

Sicherstellen der Qualität kann auch bedeuten, sich die Produktionsstätte des Lieferanten genau anzuschauen und möglicherweise sogar zu auditieren: So ist es zusätzlich möglich, Einfluss auf einen verbesserten Fertigungsablauf beim Lieferanten zu nehmen.

Die Produktqualität wird letztlich über spezifische Tests und fortlaufende Qualitätskontrollen, wie etwa stichprobenartige Wareneingangskontrollen, sichergestellt.

Auch die Qualitätssicherungselemente müssen wieder monetär bewertet und in die Gesamtbetrachtung implementiert werden.

Unerlässlich ist, zuvor die richtigen Fragen zu formulieren, um so die entsprechenden Informationen zu gewinnen und bewerten zu können. Nur dann kann ein Risiko- und Qualitätsmanagement zielführend praktiziert werden.

Crashkurs-Zusammenfassung:

- ✓ Supply-Chain-Risiko-Management (SCRM) ist systematische Identifikation und Quantifizierung von Supply-Chain-Störungen
- ✓ Ziel: Negative Einflüsse auf die Supply-Chain-Leistung vermindern.
- ✓ Fokus liegt auf den internen Störungen, die beeinflussbarer sind (z. B. unzureichende Qualität, unzuverlässige Lieferanten, Maschinenausfälle etc.)
  - ❖ Wie hoch ist die Kapazität?
  - ❖ Auf welchem Stand der Technik ist der Maschinenpark?
  - ❖ Gibt es mehrere Betriebsstätten?
  - ❖ Ist der Lieferant national oder international agierend?
  - ❖ Gibt es adäquate Referenzen?
- ✓ Angemessene Maßnahmen umsetzen: Etwa Hedging bei Währungsrisiken oder Rohstoffpreisschwankungen, Dual Sourcing bei fehlenden Kapazitäten oder einen Mindestlagerbestand gegen mögliche Lieferausfälle.
- ✓ Qualitätsmanagement (QM) sind Optimierungsmaßnahmen zu Prozessqualität, Dienstleistungen und von Produkten
- ✓ EDI-Anbindung realisieren, um Prozessqualität zu verbessern und schlankere, schnellere und effizientere Bestell-, Liefer- und Abrechnungsprozesse zu gewährleisten.
- ✓ Die Produktqualität durch spezifische Tests und fortlaufende Qualitätskontrollen wie etwa stichprobenartige Wareneingangskontrollen sicherstellen
- ✓ Auch diese Qualitätssicherungselemente müssen monetär bewertet und eingerechnet werden
- ✓ Es müssen frühzeitig die Fragen formuliert werden, um relevante Informationen gewinnen und bewerten zu können

Schritt 4: Kennzahlen im Supply-Chain-Management

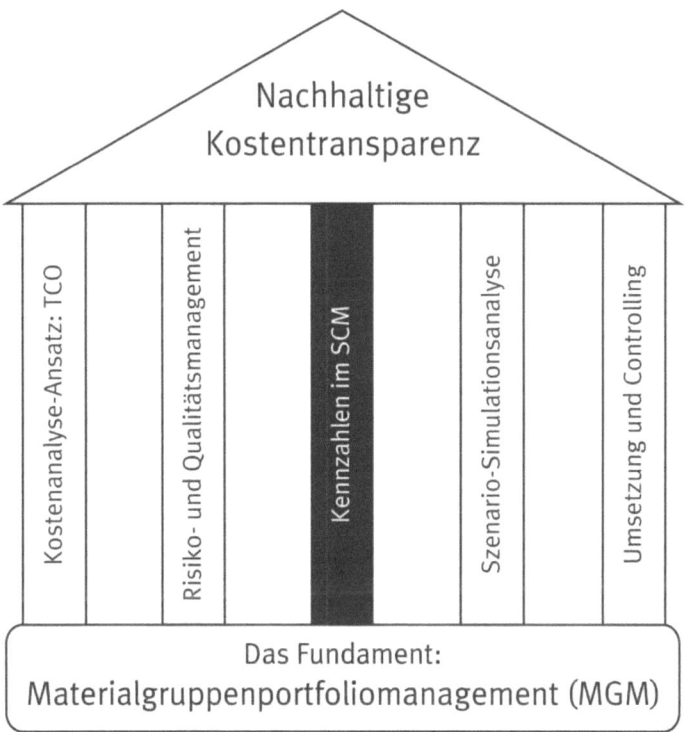

Um diese Transparenz bzw. Messbarkeit konkret umzusetzen, braucht man verständliche Leistungskennzahlen. Diese werden idealerweise über die Supply-Chain-Teilnehmer erfasst und einander gegenübergestellt, damit die Schwächen der Lieferketten erkannt werden können.

Auf verschiedenen Projekten haben wir allerdings festgestellt, dass bei klein- und mittelständischen Unternehmen eine monatliche Kennzahlenanalyse häufig nicht vorgenommen wird. Das liegt oft daran, dass es schwerfällt, sich innerhalb des Unternehmens auf geeignete Kennzahlen zu einigen. Daher werden folgend die wichtigsten Kennzahlen zur Renditesteigerung der Supply-Chain vorgestellt.

Die vier wichtigsten Kennzahlen-Gruppen des Einkaufs

1. Wertbezogene Einkaufszahlen

$$\text{Preissenkungsquote} = \frac{\text{realisierte Preissenkungen bei Kauf eines Beschaffungsobjekts}}{\text{Marktpreis} \, (-\text{index})}$$

Die Preissenkungsquote gibt Aufschluss über die Potenziale innerhalb der Materialgruppen. Hier bietet es sich an, die Entwicklungsquote im Zeitverlauf zu verfolgen. Materialgruppen mit einem hohen Einkaufsvolumen und einer sehr geringen Preissenkungsquote wurden möglicherweise stiefmütterlich behandelt und verbergen entsprechend hohe Renditeschätze.

Hier bietet sich auch an, ein Benchmark innerhalb der Materialgruppen eines Unternehmens herauszuarbeiten, was letztlich auch ein Indiz für die Zielsetzung sein kann.

2. Prozessbezogene Einkaufszahlen

$$\text{Ø Zeitaufwand pro Bestellung pro Periode} = \frac{\text{Zur Verfügung stehende Zeit (Stunden)}}{\text{Anzahl der Bestellungen}}$$

Ist der Zeitaufwand pro Bestellung verhältnismäßig hoch, so kann dies ein Indiz für mehrere Faktoren sein und man muss sich unterschiedliche Fragen stellen: Ist das vorhanden ERP-System nicht effizient genug? Nutzen wir die Möglichkeiten des Betriebssystems nicht hinreichend aus? Liegt die Fehlerquelle beim Mitarbeiter selber? Arbeiten wir nicht effizient bei unternehmensinternen Schnittstellen? Lassen wir uns Bestellverhalten vom Lieferanten diktieren, so dass wir keine Standardprozesse implementieren können?

Diese Fragen helfen uns, das Problem zu finden und diesem durch Management-Maßnahmen entgegenzuwirken.

3. Organisationsbezogene Einkaufszahlen

Weiterbildungskosten je Einkaufsmitarbeiter/-in

Es ist bekannt, dass Vertriebsmitarbeiter wesentlich häufiger geschult werden als Mitarbeiter der Einkaufsabteilungen. Es ist durchaus sinnvoll, diese Kennziffer analog mit jener aus der Vertriebsorganisation in ein Verhältnis zu setzten. Die Schulung des Einkaufspersonals ist ebenso wichtig. Die Einkaufsabteilung nimmt direkten Einfluss auf das Unternehmensergebnis.

Schulungen im Einkauf müssen nach unserer Meinung dringend forciert werden, um die „andere Tischseite" des Vertriebs zu einem ebenbürtigen „Gegner" machen zu können. Insbesondere in Verhandlungssituation fällt dieser Schulungsnachteil häufig in Gewicht.

4. Beschaffungsmarktbezogene Einkaufszahlen

$$\text{Lieferverzugsquote} = \frac{\text{Anzahl verfallener Liefertermine}}{\text{Anzahl Lieferungen}}$$

Die Lieferverzugsquote ist eine Kennziffer der Lieferantenbewertung. Diese kann für die verschiedenen Materialgruppen ermittelt werden und unter anderem für Verhandlungsgespräche eingesetzt werden. Es liegt auf der Hand, dass hier ein möglichst geringer Wert anzustreben ist.

Mithilfe dieser vier Kennzahlengruppen wird es möglich, solide und objektive Entscheidungen im Einkauf zu treffen, Kennzahlentwicklungen zu verfolgen und (Controlling-) Ziele für Kennzahlen zu definieren. Es ist hier festzuhalten das der Einsatz vieler weitere Kennzahlen möglich ist und diese je nach Anforderung des Unternehmens variieren können.

Kennzahlensysteme: Balanced Score Card (BSC) und Du-Pont-Schema

Die einzelnen Kennzahlen lassen sich auch in verschiedenen Kennzahlensystemen zusammenfassen, um ihre Wechselwirkungen zu erkennen. Einige wenige Handelsunternehmen und immer mehr Maschinenbauer setzen hierzu bereits die Balanced Score Card (BSC) ein.

Wichtig bei der Gestaltung des Kennzahlensystems ist es, die Besonderheiten der einzelnen Materialgruppen zu berücksichtigen. Beispielsweise kann die Preissenkungsquote der Engpass-Teile nicht mit der der Standard-Teile verglichen werden, da bei den Engpass-Teilen die Versorgungssicherheit im Vordergrund steht und bei den Standard-Teilen die Prozesskosten.

Wer sich außerdem schon einmal mit dem Du-Pont-Kennzahlenbaum beschäftigt hat, weiß, dass das Ergebnis einer jeden Investition und somit zugleich jeder getätigte

30

Einkauf eines Unternehmens am Ende zu einem messbaren monetären Rückfluss führen soll. Je höher dieser Rückfluss gegenüber dem Wareneinsatz ist, desto höher ist letztlich auch der ROI (Return on Investment). Dieser kann auch als maßgebendes Ziel einer Unternehmung verstanden werden.

Folgend betrachten wir, welche Kennzahlen der Supply-Chain wichtige Indikatoren bei der ganzheitlichen Kostenbetrachtung der Lieferanten eines Unternehmens sind.

Wichtiger Indikator: Die Lagerumschlagshäufigkeit

Erinnern wir uns an die wichtige Kennzahl des ROI, so stellt der ROCE (Return on Capital Employed) die analoge Kennziffer in der Supply-Chain dar. Mit dieser Kennzahl wird der Gewinn dem gebundenen Kapital gegenübergestellt:

ROCE = Gewinn / Gebundenes Kapital = Gewinn / Umsatz * Umsatz / Gebundenes Kapital = Umsatzrendite * Umschlagshäufigkeit

Ein zweifelsohne wichtiges Kriterium innerhalb der Supply-Chain stellt also die Lagerumschlagshäufigkeit dar, die das Verhältnis des Umsatzes zum gebundenen Kapital darstellt. Diese wichtige Kennzahl lässt insbesondere im Handel schnelle Schlussfolgerungen zu: Eine Ware, die sich „nicht dreht", also lange im Lager liegt, kann nur verhältnismäßig geringe Umsätze auf der Fläche generieren – die Umschlagsgeschwindigkeit ist also gering. Hierbei ist es wichtig, eine Clusterung der Lieferanten vorzunehmen, um sowohl die Bestmarke als auch den schlechtesten Wert innerhalb des Lieferantenumfelds bestimmen zu können. Eine geringe Umschlagshäufigkeit kann aber auch durch falsche

Losgrößen und Lieferzyklen in Erscheinung treten. Diese müssen dann bedarfsgerecht und mit kalkulierbarem Risiko angepasst und die Lagerstände minimiert werden. Letztlich sollte bei der Suche nach alternativen Lieferanten insbesondere die Lieferanten-Gruppe mit dem schlechtesten Umschlagshäufigkeitswert auf die Probe gestellt werden.

Abwägungssache: Liefertreue und Mengentreue

Die Performance der Lieferanten nimmt also einen direkten Einfluss auf die Leistungsfähigkeit eines Unternehmens und muss voll in die Supply-Chain integriert werden. Bei einer hohen Auslastung der Produktion sind sowohl die Liefertreue als auch die Mengentreue von großer Bedeutung. Auch hier gilt es, den Spagat zwischen *Just-in-Time*-Lieferung und der gesicherten Versorgung zu finden, um zum einen Produktionsausfälle und zum anderen zu hohe Kapitalbindung zu vermeiden.

Im Handelskontext sind insbesondere auch der Unterschied zwischen der Eingangsmarge und der letztlich effektiven Marge (nach Abzug aller Abschriften) zu untersuchen, davon ab sind auch die prozentualen Werte der Kennziffern relevant. Eine Wareneingangsmarge (*Verkaufspreis - Einkaufspreis*) von beispielsweise 30 Prozent kann einer sehr niedrigen effektiven Marge (= *Verkaufspreis - Einkaufspreis - Abschriften*) gegenüber stehen. Die hohen Abschriften können ein Hinweis auf eine nicht funktionierende Ware sein – folglich muss dieser Lieferant ebenfalls genauer betrachtet werden. Gleiches gilt auch bei einer von vornherein schlechten Eingangsmarge. Dabei gilt dasselbe wie oben bereits angeführt: Die Werte sind immer im entsprechenden Lieferanten-Cluster zu bewerten. Im Bestfall bewegt man sich hier im Bereich der Hebel-Teile bzw. Hebel-Ware.

Crashkurs-Zusammenfassung:

- ✓ Leistungskennzahlen sind Voraussetzung für Messbarkeit
- ✓ Idealerweise über die Supply-Chain-Teilnehmer erfassen und einander gegenübergestellt, um die Schwächen der Lieferketten zu erkennen
    - ❖ Die Preissenkungsquote zeigt die Materialgruppenpotenziale und sollte im Entwicklungsverlauf verfolgt werden
    - ❖ Ist der Ø Zeitaufwand pro Bestellung pro Periode verhältnismäßig hoch, so kann dies ein Indiz für mehrere Faktoren sein. Ist das vorhandene ERP-System nicht effizient genug? Liegt die Fehlerquelle beim Mitarbeiter selber? Arbeiten wir nicht effizient bei unternehmensinternen Schnittstellen?
    - ❖ Die Weiterbildungskosten je Einkaufsmitarbeiter sollte mit jener aus der Vertriebsorganisation verglichen werden. Die Schulung des Einkaufspersonals ist für den Unternehmensgewinn ebenso wichtig
    - ❖ Die Lieferverzugsquote dient der Lieferantenbewertung. Sie wird für die verschiedenen Materialgruppen ermittelt und unter anderem für Verhandlungsgespräche eingesetzt. Ziel ist ein geringer Wert.
    - ❖ Der ROCE (Return on Capital Employed) stellt den Gewinn dem gebundenen Kapital gegenüber
    - ❖ Im Handel ist der Unterschied zwischen der Eingangsmarge und der letztlich effektiven Marge relevant; hohe Abschriften können ein Hinweis auf eine nicht funktionierende Ware sein; folglich muss der Lieferant genauer betrachtet werden

✓ Kennzahlen lassen sich in verschiedenen Kennzahlensystemen wie einer Balanced Score Card (BSC) zusammenfassen, um Wechselwirkungen zu erkennen.

✓ Bei einer hohen Produktionsauslastung sind sowohl Liefer- als auch Mengentreue wichtig. Der Spagat zwischen Just-in-Time-Lieferung und gesicherter Versorgung muss stimmen, um sowohl Produktionsausfälle als auch zu hohe Kapitalbindung zu vermeiden.

Schritt 5: Szenario-Simulationsanalyse

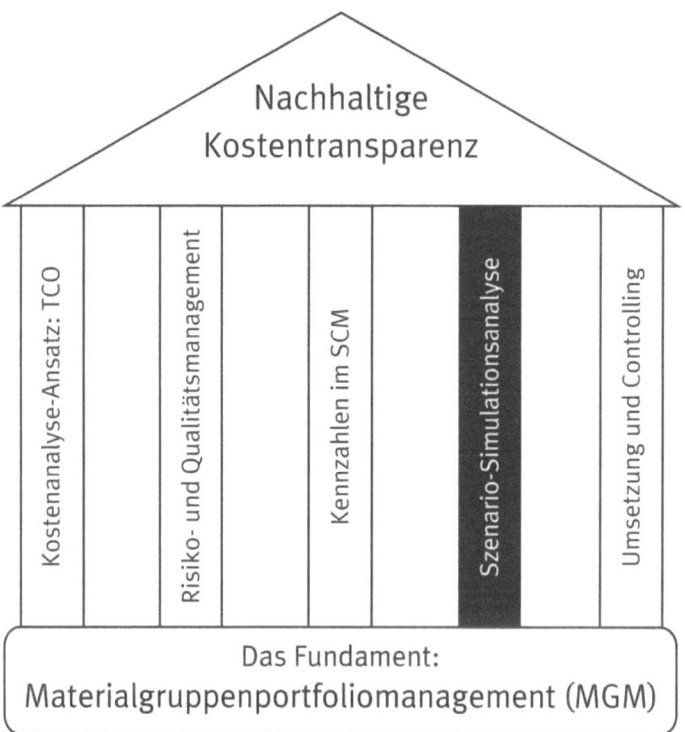

Die Szenario-Simulationsanalyse ist essenziell, um wirklich alle potenziellen Kostentreiber der Lieferkette so realitätsnah wie möglich zu erfassen. Dafür führen wir die folgenden bisherigen Analyseschritte zusammen: (1) Das Materialgruppenmanagement (MGM), (2) den Kostenanalyse-Ansatz (TCO), (3) das Risiko- und Qualitätsmanagement und (4) die Kennzahlen im Supply-Chain Management. Kombiniert können wir sie zu einer Realitätsnachbildung im Rahmen der Szenario-Simulationsanalyse anwenden. Siehe dazu folgende Grafik:

Simulierte Anwendung der bisherigen Schritte

Dieses Konstrukt ist also die letzte Vorstufe, bevor das ganzheitliche Konzept umgesetzt wird. Hierzu wählt man eine Warengruppe und geht die Schritte (1) bis (4) nacheinander durch. Dabei gilt es, nach jedem Schritt zu überprüfen, ob die Vorgehensweise die richtige ist, um die Renditeschätze zu heben, oder ob möglicherweise eine neue Richtung eingeschlagen werden muss.

Schritt 1: Das Materialgruppenportfoliomanagement

Welche Materialgruppe nimmt man nun unter die Lupe? Wie in Kapitel 1 dargestellt, sollte insbesondere den strategischen Teilen (also hohe Komplexität bzw. hohes Versorgungsrisiko und großes Einkaufsvolumen) eine große Bedeutung zugesprochen werden. Hier gilt es, die Komplexität durch eine ganzheitliche „Total-Cost-of-Ownership-Betrachtung" (TCO) aufzubrechen und „Licht ins Dunkel" zu bringen, sprich: die Kostentransparenz signifikant zu erhöhen. Strategische Teile sind beispielsweise: komplexe Motoren, technisch aufwendig produzierte Zubehörteile, gemeinsam (Lieferant-Kunde) entwickelte Werkzeuge und viele mehr gepaart mit einem hohem Einkaufsvolumen.

Schritt 2: Transparenz durch TCO

Nachdem man klar definiert hat, welche Materialgruppen in Frage kommen, gilt es zu untersuchen, welche Kostenkomponenten existieren und welche davon in der TCO-Analyse miteinbezogen werden müssen. Der einfache Preisvergleich reicht hier nicht aus und würde nur eine unsichere Entscheidungsgrundlage zur Verfügung stellen. Die interne und externe Kostenstrukturanalyse bei der strategischen Warengruppe kommt nun zum Tragen.

Wir denken nun etwa an komplexe Motoren. Neben dem direkten Preisvergleich müssen hier nun alle identifizierbaren Kosten berücksichtigt werden: Lieferbedingungen – also der logistische Kostenblock; Entwicklungskosten; Lieferzeiten und daraus sich ergebende Bestellrhythmen; Prozesskosten; Losgrößen und damit verbundene Kosten des gebundenen Kapitals; Lagerumschlagsgeschwindigkeiten, Bewertung von Ausfallrisiken – diese stehen im direkten Zusammenhang mit der Liefertreue; monetäre Bewertung der Qualität und das entsprechende Risiko von Mängelfolgekosten, Pönalien und anderen Kostentreibern.

Kosten, die durch die Entwicklung eines neuen Lieferanten entstehen, sprich die Umstellungskosten (neue Werkzeuge, Maschinen und weitere Investitionen), müssen ebenfalls zwingend betrachtet werden.

Schritt 3: Risiko- und Qualitätsmanagement

Welche Risiken müssen berücksichtigt und welcher Qualitätsanspruch muss realisiert werden? Wie in Kapitel 3 aufgezeigt, muss man zu Prozessbeginn die passenden Fragen formulieren. Nur wer weiß, welche Faktoren für den reibungslosen Ablauf notwendig sind, kann auch beurteilen, was die Implementierung eines neuen Lieferanten tatsächlich kosten wird. Im Beispiel der Materialgruppe Motoren kann dies unter anderem bedeuten: Haben wir uns Währungsrisiken zu stellen? Spielen Rohstoffschwankungen, etwa bei bestimmten Metallen, eine Rolle? Kennen wir diesen Rohstoffmarkt gut genug, um Absicherungsgeschäfte zu befürworten oder vielleicht ein kalkulierbares Risiko einzugehen? Hat der Lieferant die entsprechenden Kapazitäten, um Produktionsspitzen realisieren zu können? Und was muss das Endprodukt wirklich erfüllen? Beantwortet man diese Fragen, kennt man auch die Anforderungen und notwendige Qualität.

Wer diese Fragen für sein Szenario beantworten kann, ist also in der Lage, eine Gesamtbeurteilung vorzunehmen und das notwendige Risiko- und Qualitätsmanagement umzusetzen. Nur so können die Maßnahmen durch das Management definiert und folglich monetär sichtbar gemacht werden. Es empfiehlt sich daher, schon zu Beginn der Gesamtanalyse einen Fragen- und Maßnahmenkatalog festzulegen.

Schritt 4: Kennzahlen im Supply-Chain-Management

Nun sollte ein Szenario geschaffen sein, in dem man ein Verständnis über die Kostentreiber-Komplexität der strategischen Materialgruppe erlangt und die gewünschte Transparenz geschaffen hat.

Erst, wenn alle Kosten im Zusammenhang mit unserem derzeitigen Motoren-Lieferanten aufgeschlüsselt, verstanden und monetär bewertet wurden, ist man in der Lage, einen Alternativlieferanten zu beurteilen. Auch muss man nun nicht blind nach einem neuen Motorenlieferanten suchen, sondern kann die einzelnen Kostenbestandteile betrachten und Prozessverbesserungsansätze finden, um diese zu senken. Hierbei unterstützen Supply-Chain-Kennzahlen, die im vorigen Kapitel aufgezeigt wurden:

Supply-Chain-Kennzahlen sind beispielsweise Kennzahlen zur Lagerumschlagshäufigkeit, die das Verhältnis des Umsatzes zum gebundenen Kapital darstellen (= Lagerkennzahlen). Oder Kennzahlen zur Liefer- und die Mengentreue. Hier gilt es den Spagat zwischen Just-in-time-Lieferung und der gesicherten Versorgung im Griff zu haben, um zum einen Produktionsausfälle und zum anderen zu hohe Kapitalbindung zu vermeiden.

Damit Transparenz bzw. Messbarkeit in der Praxis erreicht werden kann, braucht man verständliche Leistungskennzahlen, damit man die Schwächen und die Stärken der Lieferanten identifizieren kann. Anschließend kann man diverse vielversprechende Szenarien simulieren und das Szenario mit dem höchsten erwarteten Nutzen wählen. So kann man nachhaltig die Kennzahlen beeinflussen.

Daraufhin bereitet man zwei Szenarien vor: 1. Den bisherigen Lieferanten behalten und aufgeschlüsselte Kosten minimieren oder 2. einen Alternativlieferanten identifizieren. Im Bestfall sollten die Erkenntnisse aus beiden Szenarien miteinander verknüpft werden. Für beide Szenarien sind die oben aufgeführten Punkte 1 bis 4 entsprechend anzuwenden.

Hat man Kostensenkungspotenziale durch die Optimierung interner Kosten erkannt, sollten sie auch dabei eingesetzt werden, alternative Lieferanten zu identifizieren und zu implementieren. Etwa Einkaufs-Prozessoptimierungen, verbesserte Steuerung der Lagerbewegungen oder mögliche Qualitätsanpassungen. So kann man im Idealfall gleich zweifach Renditeschätze heben: Optimierung der internen und Senkung der externen Kosten.

Die Simulation der verschiedenen Szenarien bildet letztlich eine fundierte Grundlage für unsere unternehmerische Entscheidung. Es ist daher äußerst wichtig, bereits im ersten Schritt, nämlich bei der Materialgruppenportfolioanalyse, den Grundstein zu legen.

Crashkurs-Zusammenfassung:

- ✓ **Alle potenziellen Kostentreiber der Lieferkette so realitätsnah wie möglich erfassen**
- ✓ **Dafür die bisherigen Analyseschritte 1 bis 4 kombinieren**
- ✓ **Daraufhin zwei Szenarien vorbereiten:**
    1. **Den bisherigen Lieferanten behalten und aufgeschlüsselte Kosten minimieren oder**
    2. **Einen Alternativlieferanten identifizieren**
- ✓ **Die Erkenntnisse aus beiden Szenarien miteinander verknüpfen**
- ✓ **Die Simulation der verschiedenen Szenarien bildet das Fundament für die unternehmerische Entscheidung**

Schritt 6: Umsetzung und Controlling

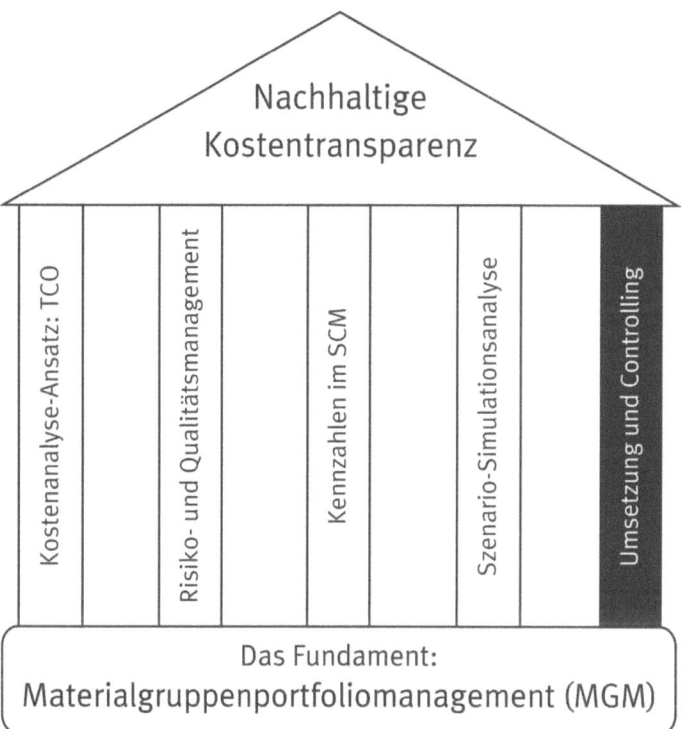

Ist man die Schritte 1 bis 5 gegangen, kann man eine ab-
schließende unternehmerische Entscheidung fällen. Die
Optionen sind (hier im Beispiel der Materialgruppe Motoren):

a. Den oder die vorhandenen Lieferanten behalten und
   transparente Kosten minimieren.
b. Alternativlieferanten identifizieren und implementieren.

Umsetzung: Alternativen ermitteln, Bestand prüfen

Der Fokus soll folgend zunächst auf b) liegen, um die notwendigen Umsetzungsschritte zu verdeutlichen. Ziel ist es, eine Benchmark-Situation zu schaffen, die die bestmögliche Konstellation für die Kostenstruktur der Materialgruppe aufzeigt.

Äpfel mit Äpfeln vergleichen: Gelungenes Benchmarking

Hat man die Ist-Situation (Einkaufsvolumen, Rahmenkonditionen, Lieferbedingungen, Liefertreue etc.) analysiert, gilt es, die zu prognostizierenden Bedarfe festzustellen. Daraufhin können dann – wobei man alle ermittelten Faktoren der Schritte 1 bis 5 einbezieht – Gegenangebote bei passenden Alternativlieferanten eingeholt werden. Hierbei ist es unerlässlich, „Äpfel mit Äpfeln" zu vergleichen. Dieser Voraussetzung kann man dank der geschaffenen Transparenz nun gerecht werden.

Nun kann eine detaillierte Angebotsauswertung folgen, bei der man alle bewertbaren und angefragten Elemente einbezieht. Mit dieser Auswertung können Verhandlungstermine mit den Lieferanten vereinbart werden, um detaillierte Modalitäten zu klären und zusätzliche monetäre und prozessuale Verbesserungen herbeizuführen.

Es empfiehlt sich auch hierbei unbedingt, verschiedene Supply-Chain-Teilnehmer miteinzubeziehen, wie etwa Einkauf, Materialwirtschaft, Technik und Vertrieb. Dies bedeutet nicht, dass alle Parteien an den Verhandlungen partizipieren müssen. Aber zuvor sollten entsprechende Meetings stattfinden, um das Gesamtbild so vollständig wie möglich in die Verhandlung zu tragen.

Den Bestandslieferanten in Kenntnis setzen

Vor der Umstellung sollte man dem fairen Geschäftsgebaren folgen und den oder die derzeitigen Bestandslieferanten mit der geschaffenen Benchmark-Situation konfrontieren. So hat dieser ebenfalls die Möglichkeit, alle Weichen der TCO-Bestandteile so zu stellen, dass er mit dem oder den Alternativlieferanten gleichzieht. Dann würden letztlich anfallende prozessuale Umstellungskosten vermieden und eine funktionierende Partnerschaft sogar gefestigt.

Nun liegen alle Entscheidungsgrundlagen vor. Der Kunde kann sich für ein Szenario entscheiden und in der Folge die systemtechnischen Änderungen im ERP vornehmen, um die Umsetzung zu realisieren.

Aus der Ist- wird die Soll-Situation

Somit hat man einen neuen Status Quo geschaffen und die Ist-Situation in die Soll-Situation transformiert. Ergo: die kostengünstigere Alternative unter Berücksichtigung aller Faktoren ist zur neuen IST-Situation avanciert.

Es gilt nun, sicherzustellen, dass diese neue Konstellation auch zukünftig die nachhaltig richtige Entscheidung bleibt.

Controlling: Absicherung und Prüfung der gesetzten Linie

Man muss sich fortlaufend überprüfen, wozu geeignete Controlling Elemente eingesetzt werden:

Regelmäßige Benchmarks, da es ratsam ist, die Kostensituation innerhalb einer identifizierten Materialgruppe in einem geeigneten Turnus – z. B. einmal im Jahr – zu überprüfen. Hierfür ist es sinnvoll, die Ausschreibung zu wiederholen. Der Arbeitsaufwand ist nun wesentlich geringer, da alle messbaren Einflussfaktoren ermittelt sind und somit ein sich wiederholender Prozess einstellt. Hierbei ist dennoch jeweils zu prüfen, ob sich Einflussfaktoren verändert haben.

Beispielsweise müssen Rohstoffpreise kontinuierlich beobachtet und eine Routine geschaffen werden, diese regelmäßig zu prüfen. So sollten sinkende Rohstoffpreise (wenn diese nicht abgesichert wurden) letztlich auch in den eigenen Büchern sichtbar werden, indem hier Preissenkungen anzustreben sind.

Den Markt im Blick behalten

Davon ab gilt es, die Bedarfssituation stets zu verfolgen: Wie entwickelt sich die Marktnachfrage und somit meine Nachfrage bei dem Lieferanten? Eine steigende Nachfrage sollte unter dem Strich mittelfristig ebenfalls zu einer Preissenkung führen – auch und insbesondere vor dem Hintergrund der damit in Verbindung stehenden Fixkostendegression bei unseren Lieferanten.

Vor dem Hintergrund des Qualitätsmanagements muss die Anforderung an das Produkt immer wieder überprüft werden. Benötigen wir noch den hochkomplexen Motor oder verlangt der Markt eine abgeschwächte Variante? Es gilt Over-Engineering zu vermeiden und somit wieder Einsparungspotenziale und einen neuen Status-Quo einer verbesserten Kostensituation zu realisieren.

Stets den Ist-Zustand hinterfragen, Profite nachhaltig heben

Sind die Prozesse auf dem neusten Stand? Gibt es IT-Innovationen, die den Beschaffungsprozess effizienter gestalten könnten? Hat sich die Auslastung bei unseren Lieferanten verändert? Wurden neue Produktionsstätten in Betrieb genommen? Diese und viele weitere Fragen, die man zu Beginn in einem Fragenkatalog stellen muss, kommen in der Controlling-Phase, die fortlaufend ist, immer wieder zum Tragen.

Die Kennzahlen im Supply-Chain-Management aus Schritt 4 sind hierbei selbstverständlich auch regelmäßig heranzuziehen. Die Steuerung dieser hat kontinuierlich Einfluss auf die Beschaffungs-Performance.

Beschaffung und Transparenz durch den TCO-Ansatz bedeutet also auch, immer wieder neu zu hinterfragen und zu verifizieren.

Mit diesem letzten Schritt ist das Programm zum nachhaltigen Heben von Profiten in der Lieferkette vollständig!

Crashkurs-Zusammenfassung:

Umsetzung

- ✓ Entscheidung: Den vorhandenen Lieferanten behalten und transparente Kosten minimieren oder Alternativlieferanten finden
- ✓ Ziel: Benchmark-Situation, die die bestmögliche Konstellation für die Kostenstruktur der Materialgruppe ermitteln lässt
- ✓ Nun folgt eine detaillierte Angebotsauswertung, bei der alle bewertbaren und angefragten Elemente einbezogen werden
- ✓ Verschiedene interne Supply-Chain-Teilnehmer (wie Einkauf, Materialwirtschaft, Technik, Vertrieb etc.) sollen einbezogen werden
- ✓ Bestandslieferanten vor Umstellung mit der geschaffenen Benchmark-Situation konfrontieren, um ggf. Umstellungskosten zu sparen

Controlling

- ✓ Regelmäßige Benchmarks, da es ratsam ist, die Kostensituation innerhalb einer identifizierten Materialgruppe in einem geeigneten Turnus (bspw. jährlich) zu überprüfen.
- ✓ Wiederholung der Ausschreibung
- ✓ Zu Beginn Fragenkatalog erstellen und in der Controlling-Phase fortlaufend anwenden, bspw.:
  - ❖ Haben sich Einflussfaktoren geändert?
  - ❖ Bedarfssituation stets verfolgen: Wie entwickelt sich die Marktnachfrage und somit meine Nachfrage bei dem Lieferanten?
  - ❖ Sind die Prozesse auf dem neusten Stand?
  - ❖ Gibt es neue IT-Innovationen, die den Beschaffungsprozess effizienter gestalten können?
  - ❖ Hat sich die Auslastung beim Lieferanten verändert?
  - ❖ Wurden neue Produktionsstätten in Betrieb genommen?

Über die Autoren und Herausgeber

Autoren

Patrick Dümpelfeld

Patrick Dümpelfeld studierte Betriebswirtschaftslehre im In- und Ausland und schloss in Australien seinen Master of International Business ab. Nach vier Jahren Industrie wechselte er in die Beratung und ist als Projektleiter bei Kloepfel Consulting in verschiedenen Branchen tätig. Darüber hinaus führt er interne Schulungen durch und ist mitverantwortlich für den Kloepfel High Potential Day.

Samir Kharkan

Said Samir Kharkan studierte Betriebswirtschaftslehre in Köln, wo er als Diplom Kaufmann mit den Schwerpunkten Supply Chain Management, Retail and Customer Management und Economics abschloss. Bei Kloepfel Consulting bringt er seine Erfahrungen aus der Logistikbranche als Senior Consultant ein. Neben seiner Tätigkeit als Projektleiter führt er unter anderem interne Schulungen durch.

Autoren und Herausgeber

Marc Kloepfel

Marc Kloepfel spezialisierte sich während seines internationalen Studiums früh auf die Fachbereiche Einkauf, Logistik und Supply Chain Management. 2007 gründete er gemeinsam mit Efe Duran Sarikaya die mehrfach ausgezeichnete Einkaufsberatung Kloepfel Consulting. Mit seiner über 15 Jahren industrieübergreifender Erfahrung im Bereich der ganzheitlichen Beschaffungsoptimierung gilt er zudem als gefragter Redner und Interviewpartner.

Duran Sarikaya

Efe Duran Sarikaya hat in Deutschland und Spanien Betriebswirtschaft studiert. Efe Duran Sarikaya gilt laut Wirtschaftswoche, neben Marc Kloepfel, als einer der führenden Einkaufs- und Supply Chain-Experten im deutschsprachigen Raum. Darüber hinaus engagiert er sich beispielsweise bei der Deutschen Materialeffizienzagentur für den effizienten Einsatz von Produktionsmaterialien. Zudem setzt sich Efe Duran Sarikaya in verschiedenen internationalen Wirtschaftsorganisationen für die Stärkung des Einkaufs ein.

Über Kloepfel Consulting

Die Einkaufsberatung Kloepfel Consulting wurde 2007 gegründet und ist heute mit über 400 Projekten und einem Gruppenumsatz in Höhe von 17 Mio. Euro einer der am schnellsten wachsenden Einkaufs- und Supply Chain Optimierer für den deutschsprachigen Mittelstand. Das Beratungshaus arbeitet zu 100% auf Erfolgsbasis und wurde mehrfach für seine Leistungen ausgezeichnet.

Mit ihrer technischen und kaufmännischen Expertise senkt Kloepfel Consulting branchenübergreifend Beschaffungs- und Produktkosten, erhöht die Materialeffizienz, optimiert Lieferketten und steigert somit die Liquidität und Umsatzrendite ihrer Kunden. Dabei schätzen die Kunden an den Kloepfel Consultants ihre Bodenständigkeit, Pragmatismus und Leidenschaft.

Düsseldorf im Herbst 2014

www.kloepfel-consulting.com

Das Know-how-Forum für Ihren Einkauf – Anonym und kostenfrei einfache bis komplexe Fragen an Kollegen Ihrer Branche stellen.

www.einkäufer-forum.de

Start 08.12.2014